BEI GRIN MACHT SICH IHR WISSEN BEZAHLT

AF152886

- Wir veröffentlichen Ihre Hausarbeit, Bachelor- und Masterarbeit

- Ihr eigenes eBook und Buch - weltweit in allen wichtigen Shops

- Verdienen Sie an jedem Verkauf

Jetzt bei www.GRIN.com hochladen und kostenlos publizieren

Anonym

Die Rolle der Religion in der Kulturpolitik des Lorenzo de Medici

GRIN Verlag

Bibliografische Information der Deutschen Nationalbibliothek:

Die Deutsche Bibliothek verzeichnet diese Publikation in der Deutschen National-
bibliografie; detaillierte bibliografische Daten sind im Internet über http://dnb.d-
nb.de/ abrufbar.

Impressum:

Copyright © 2014 GRIN Verlag GmbH
Druck und Bindung: Books on Demand GmbH, Norderstedt Germany
ISBN: 978-3-656-93636-7

Dieses Buch bei GRIN:

http://www.grin.com/de/e-book/295610/die-rolle-der-religion-in-der-kulturpolitik-
des-lorenzo-de-medici

Inhalt

1. Lorenzo de Medici – Eine Einführung

*„Er war der erste Sohn nach drei Mädchen,
allein seine Ankunft war ein Triumph. Unermessliche
Ressourcen standen ihm zur Verfügung und warteten
darauf, sich ihm nützlich zu machen."*[1]

Lorenzo de Medici wurde am ersten Januar 1449 geboren. Er war Sohn einer Familie die nicht von Adel war, aber zu den *popolari*, den wohlhabenden Bürgern, die Gewerbe und Handel betrieben, gehörte.[2] Sie betrieben sowohl Finanz- als auch Handelsgeschäfte. Sie liebten jede Art von Musik und Kunst und nutzten diese nicht nur zur Unterhaltung sondern auch als Mittel zur Repräsentation.[3] Lorenzo de Medici selbst spielte Laute und Viola, mit welchen er seinen Gesang begleitete. Er war auch ein exzellenter Reiter. Als er zehn Jahre alt war, nahm er an einem inszenierten Ritterspiel, welches zu Ehren des mailändischen Prinzen ausgerichtet wurde, teil. Er hob sich bei diesem Spektakel deutlich aus der Menge heraus, denn diese Spiele wurden immer von einer Gruppe junger Leute aus den besten Familien von Florenz ausgerichtet. Er selbst nahm die Rolle des *messere*, dem Herren ihrer Gruppe ein.[4] Damit präsentierten die de Medicis ihren Erben und zukünftigen Machthaber von Florenz. Lorenzo wuchs zu einem Mann „von außergewöhnlicher Hässlichkeit"[5] und zugleich [zu einem] Verführer [heran] […]"[6], er war ein Mann von großer Intelligenz und Vielseitigkeit. Er konnte reiten, Falken halten, war Bankier, Poet und Politiker. Seine Vorbilder waren Dante, Petrarca und Ovid. Petrarca folgend schrieb auch er einen Canzoniere mit dem Titel

---

[1] (Parks, 2007, S. 204)
[2] (Walter, 2003)
[3] (Walter, 2003)
[4] (Walter, 2003)
[5] (Parks, 2007, S. 204)
[6] (Parks, 2007)

Innamoramento di Lorenzo, in dem er nicht über Petrarcas Laura, sondern Lucrezia Donati schreibt.[7]

In dieser Arbeit soll das Leben Lorenzo de Medicis genauer durchleuchtet werden. Zunächst wird auf den Sinn des Mäzenatentums eingegangen. Im Folgenden soll dann das Verhältnis zwischen Lorenzo und der Kirche eingegangen und ein geschichtlicher Rückblick bezüglich der Pazzi-Verschwörung gegeben werden. Im zweiten Teil dieser Arbeit soll auf das Verhältnis von Savonarola und Lorenzo de Medici eingegangen werden. Ziel dieser Arbeit ist es, herauszufinden, inwiefern die Religion in der Kulturpolitik Lorenzos eine Rolle spielt.

1.1 Lorenzos Mäzenatentum

Lorenzo de Medici förderte gezielt Maler, Dichter, Bildhauer und Architekten. Lorenzo de Medici nutzte die Förderung der Künstler zu seinen Zwecken. Er gestaltete Florenz immer prächtiger, wie man an der Architektur ersehen konnte. Diese stattete er mit Werken der verschiedensten Künstler aus. Dafür wurde er natürlich vom Volke verehrt.[8] Somit machte Lorenzo de Medici Florenz zu seinem eigenen Kunstwerk. Er förderte jedoch nicht nur, sondern war selbst ebenso tätig. Er schrieb anfänglich esoterische Liebessonette im *volgare* (Volkssprache) und verführte „(…) seine weniger gebildeten Untertanen mit gereimten Obszönitäten."[9] Dies änderte sich dann mit dem Einfluss von Ficino, den Lorenzo im Spätsommer 1473 kontaktierte[10].

Marsilio Ficino, sechzehn Jahre älter als Lorenzo, ein Philosoph, Denker und Gelehrter wurde von diesem

---

[7] (Walter, 2003)
[8] (Martelli, 1980)
[9] (Parks, 2007, S. 226)
[10] (Walter, 2003)

finanziert und diente ihm als Lehrer.[11] Von diesem übernahm Lorenzo viele Denkansätze, die ihm gefielen. Ficino ging davon aus, dass die Seele des Menschen nach dem göttlichen Licht strebte, doch es nicht jedem gegeben war, dies zu erkennen. Zudem verfasste er alle Werke auf Latein, damit nur Menschen mit hoher Bildung seine Werke lesen konnten.

> „Ficinos extrem eklektischer Humanismus schaffte alle Abgrenzungen ab – womit er in krassem Kontrast zum Christentum der vergangenen Jahrhunderte stand, das einer einzigen Tradition gefolgt war und sich auf einen etablierten Kanon von Autoren gestützt und dabei die Welt unerbittlich, ja vielleicht entmutigend, in zwei geteilt hatte: Gut und Böse, wahr und unwahr, richtig und falsch, Himmel und Hölle(…)"[12]

Lorenzo wandte sich unter dem Einfluss von Ficino der Philosophie zu. Er paraphrasierte dessen Ansätze in seinem Werk *Das höchste Gut.*[13] Des Weiteren bat er Poliziano um die Erziehung seines Sohnes Piero.

2. Lorenzo de Medici und die Kirche

Traditioneller Feind der Familie de Medici war die Kirche, welche sich mit den de Medicis jahrelange, verbitterte Kämpfe auslieferte. Somit ist es auch nicht verwunderlich, dass die Kirche ebenso eine große Rolle bei einer der tragischsten Verschwörungen gegen die Medici spielte, der Pazzi-Verschwörung.[14] Doch wie kam es dazu?

Papst Sixtus IV Ziel ist es, alle *Signorie* Zentralitaliens unter Kontrolle zu bringen, denn deren Unabhängigkeit vom Papst garantiert dem Herrschaftsbereich Florenz einen sehr guten Sicherheitsgurt.[15] Als Papst Sixtus IV den Herrschertitel von Imola seinem Neffen Girolamo Riario verleihen möchte und dafür Geld benötigt, verweigert ihm Lorenzo de Medici diesen Kredit und rät der anderen

---

[11] (Martelli, 1980)
[12] (Parks, 2007, S. 223)
[13] (Parks, 2007, S. 226)
[14] (Martelli, 1980)
[15] (Martelli, 1980)

Bank, die der Familie Pazzi, dieses Darlehen zu verweigern, da Imola weiterhin im Einflussbereich von Florenz liegen sollte, was auch geografisch gesehen, sinnvoller war. [16] Zudem hatte der Papst schon ungeheure Schulden bei der Medici Bank. Die Familie Pazzi befolgt den Rat Lorenzos jedoch nicht, sie gewähren dem Papst den erwünschten Kredit und teilen ihm sogar mit, dass Lorenzo ihnen geraten hatte, diesen nicht zu gewähren. Das anfänglich gute Verhältnis des Papstes zu Lorenzo ging zu Bruch und somit wurde Papst Sixtus „[…] bald erklärter Feind von Florenz[17][…]", denn er stellte sich klar gegen die Herrschaft der de Medici.

Papst Sixtus ernennt Francesco Salviati, einen engen Freund der Pazzi, zum Erzbischof von Pisa vor, ohne sich mit Lorenzo abzusprechen. [18] Des Weiteren ordnet der Papst eine Prüfung der Alaunkonten[19] der Kurie bei der Medici-Bank an [20]. Für Lorenzo stellt beides eine Beleidigung dar, einerseits, da die Familie de Medici schon immer die Bankgeschäfte der Kurie tätigten, andererseits da Pisa eine von Florenz abhängige Stadt ist und niemand ohne seine Erlaubnis Erzbischof werden darf. [21] Vor allem nicht, ohne ihn zuvor zu konsultieren. Lorenzo verweigert Salviati den Einzug nach Pisa, während der Papst mit Exkommunikation droht. Es dauert ein Jahr, bis eine Einigung gefunden wurde. [22] Zugleich ernennt der Papst einen der Pazzi zum Bischof von Sarno, einer Stadt nahe Neapel. Der Papst erneuert nicht das Abkommen bezüglich des Handels mit

---

[16] (Parks, 2007, S. 219 f.)
[17] (Walter, 2003, S. 144)
[18] (Parks, 2007)
[19] Papst Paul II erklärte 1466, dass die Kirche im Bündnis mit der Medici-Bank ein Monopol für den Verkauf von Alaun in ganz Europa besitzen würde. Alaun, eines der wichtigsten Mineralstoffe der damaligen Zeit, brauchte man zur Fixierung von Farben (zum Beispiel der Farbe Purpur, welches man vor allem für Bischofsgewänder benötigte), zur Reinigung der Rohwolle von Fettrückständen, für die Gerbung von Sätteln uvm. (Parks, 2007)
[20] (Parks, 2007)
[21] (Martelli, 1980)
[22] (Walter, 2003)

5

Alaun und wickelt es stattdessen mit den Pazzi ab. Lorenzo de Medici änderte daraufhin das Gesetz, dass Neffen in der Erbfolge Vorrang vor Töchtern haben würden und verhinderte durch dieses, dass die Pazzi Geld erbten, das ihnen eigentlich zustehen würde. [23] Somit entbrannte ein verbitterter Streit zwischen Kirche und dem Hause de Medici.

2.1. Rückblick- die Pazzi-Verschwörung und deren Folgen

Der Heilige Vater plante zusammen mit der Familie Pazzi und dem Erzbischof von Pisa ein Attentat auf die Familie de Medici zu verüben, um diese völlig auszulöschen. [24] Er sah in diesen ein Hindernis für die Verwirklichung seiner Pläne. [25] Würden Lorenzo und sein Bruder umgebracht werden, wäre das auch ein klarer Vorteil für die Familie Pazzi, die dann mit ihrer Bank die Vormachtstellung in Florenz erreichen würde und Teile der Medici Bank an sich reißen könnte. Dieses Attentat findet am 26.4.1478 während der Ostermesse statt. Doch es kommt anders, als der Papst geplant hatte. Die Medici Brüder standen zu weit entfernt voneinander. So kommt bei diesem Blutvergießen Lorenzo de Medicis jüngerer Bruder Giuliano um, Lorenzo überlebt schwer verletzt. Da das Attentat misslang, erklärte Papst Sixtus Lorenzo zusammen mit Neapel den Krieg. Er lässt überall Briefe, die Lorenzos Ruf zerstören sollen, versenden und lässt Lorenzo exkommunizieren. [26] Der Papst erklärt, dass er nur einen Krieg gegen Lorenzo führt, damit das Volk von Florenz sich von den Medicis abwendet. Doch nach dem Mordanschlag ist es für die Kirche schwer, ihren Willen durchzusetzen. Lorenzo spricht von seinem Balkon mit dem Volk, das hinter ihm und nicht hinter der Kirche steht.

---

[23] (Walter, 2003)
[24] (Martelli, 1980)
[25] (Walter, 2003)
[26] (Parks, 2007)

Das Volk war erbost über die Vorkommnisse. Die Rache die nun kommt ist brutal, Erzbischof Salviati, Francesco Pazzi und viele mehr werden an den Fenstern des Palazzo della Signoria aufgehängt, andere aus den Fenstern der oberen Stockwerke geschmissen. Alle Männer der Familie Pazzi werden verhaftet oder getötet, deren Witwen und Töchtern eine Eheschließung untersagt. Das Volk verbreitet die Nachrichten schnell, sofort weiß jeder über die Ereignisse bescheid. Lorenzo de Medici hat ebenso die Bauern des Umlandes auf seiner Seite, die ihn vor den Truppen schützen und auf diese losgehen.[27]

Anhänger und Familie ließen lebensgroße Wachsfiguren von Lorenzo in der Werkstatt der Wachsbildnerfamilie Benintendi herstellen und brachten diese in die Kirche, um Gott zu danken, dass er Lorenzo verschont hat. Das Volk rächte währenddessen den Anschlag. Diese Rache zieht sich sogar noch Monate weiter, als der Leichnam von Jacopo Pazzi zunächst aus dem Grab entwendet und vor den Stadtmauern eingegraben wurde. Daraufhin gruben ihn Kinder ein zweites Mal aus.

> „[Sie] zerrten ihn am Strick, auf dem er aufgeknüpft worden war, durch ganz Florenz und sangen dazu makabre Spottlieder von denen eines lautete : „Muoia il papa, muoia il cardinale, viva Lorenzo, che ci da del pane."[…] Schließlich warfen sie den Leichnam in den Arno[…]."[28]

Papst Sixtus IV nimmt die Ermordung der Verschwörer nicht einfach so hin. Er exkommuniziert Lorenzo und alle, die ihm helfen. Er bedrohte die Bistümer Florenz, Fiesole und Pistoia mit einem Interdikt, falls die Schuldigen nicht ausgeliefert werden, sollte Florenz auch

---

[27] (Walter, 2003)
[28] (Walter, 2003, S. 163)

sein Erzbistumsitz verlieren. Doch niemand lieferte Lorenzo und seine Anhänger aus. Am 20.Juni setzte Papst Sixtus das Interdikt aus und gewann König Ferrante aus Neapel, ihm zur Seite zu stehen und gegen die Anhängerschaft der de Medicis zu kämpfen. Es folgten zwei schwere Jahre des Krieges zwischen Florenz und Rom, gefolgt von weiteren Verschwörungen, die jedoch alle fehlschlugen, denn Lorenzo gelang stets die Flucht. Jedoch stand er kurz vor dem finanziellen Ruin. Hinzu kam erschwerend, dass die Pest ausbrach. Lorenzo fasste den Entschluss, nach Neapel zu gehen, um einen Frieden auszuhandeln, was ihm schließlich gelang. Auch mit Papst Sixtus schloss er 1480 Frieden, als er Lorenzo Absolution erteilte, da er Geld für den Krieg gegen die Türken benötigte.[29] 2 Jahre darauf, als die Türken besiegt waren, herrschte erneut Krieg zwischen Florenz und dem Papst, welcher erst 1484 beendet wurde. Zu diesem Zeitpunkt unterschrieben alle Parteien den Frieden. [30]

2.4.Lorenzos Maßnahmen

Nach dem Anschlag auf Lorenzo und seinen Bruder, lässt dieser Gedenkmünzen von Bertoldo di Giovanni anfertigen. Auf der einen Seite war Giulianos Kopf abgebildet, dies rief zur Öffentlichen Trauer aus, auf der anderen Seite Lorenzos, dieses Bildnis war der Aufruf auf Lorenzo de Medicis öffentliches Wohl. Nach diesem Anschlag musste das Wohl von Lorenzo auch „die Sache aller Bürger werden."[31] Und dies wurde es zunächst auch. Das Volk stand gänzlich hinter Lorenzo.

Lorenzo sicherte seine Stellung durch den gewonnenen Frieden zunächst, erlitt aber schwere Schicksalsschläge. 1484 stirbt seine Mutter, 1488 seine elfjährige Tochter Luisa und kurz darauf seine Frau Clarice

---

[29] (Walter, 2003)
[30] (Martelli, 1980)
[31] (Walter, 2003)

an TBC. [32] Die täglichen Überzeugungen des Staates, die zermürbenden Auseinandersetzungen in den eigenen Reihen kosten ihn viel Kraft. Hinzu kommt, dass er an der Selben Krankheit leidet, die bereits Cosimo dahingerafft hatte. [33]

Lorenzo versucht, die Gunst des Papstes zu erlangen, indem er seine Tochter Maddalena an den Neffen des Papstes, Franceschetto Cibo verheiratet. Lorenzo sorgt ebenso für die Ernennung seines Sohnes Giuliano zum Kardinal. Er versucht dadurch, so viele Würdenträger wie möglich an sich zu binden, doch genau dies verschafft ihm Feinde in der Kurie. [34]

Pico della Mirandola gibt das Werk *Heptaplus* heraus, durch welches er versucht, die Feindschaft zwischen Kirche und den de Medicis zu mildern. Doch das Buch wird in Rom sehr negativ aufgenommen. Er wird 1487 wegen Ketzerei verurteilt. Lorenzo schreibt daraufhin zusammen mit seinem Botschafter Giovanni Lanfredini einen Brief an den Papst, um Pico della Mirandola zu verteidigen. 1489 wurden zudem die Werke von Marsilio Ficino verboten. [35] Diese Werke hatten ein Verteidigungsschreiben beinhaltet, welches aber ignoriert wurde. Im Endeffekt stand die ganze lorenzianische Kultur unter Anklage. 1488 wurden dann die beiden Franziskaner Mönche Bernadino da Feltre und Domenico da Ponzo auf Anordnung Lorenzos aus Rom vertrieben. Diese Vertreibung machte ihn zwar beim Volk beliebt, doch erhöhte den Hass in Rom.

Am Ende des Sommers 1489 kommt auf Wunsch und Kosten Lorenzos das Werk Miscellanea von Poliziano heraus. In diesem werden Prediger angegriffen, die von der

---

[32] (Martelli, 1980)
[33] (Martelli, 1980)
[34] (Martelli, 1980)
[35] Abhandlung de vita libri tres = Abhandlung speziell über die Gesundheit des Gelehrten, da in diesem laut der Kirche magische Praktiken und Astrologie behandelt wurden, wurde Ficino der Häresie bezichtigt

Kanzel aus gegen Schriftstücke und Autoren hetzen. Dieses Werk ist von großer Taktik, denn es hebt die guten Tugenden des Mariano da Gennazzano hervor, einem Mönch, den er sehr schätzte.

3. Lorenzo de Medici und Girolamo Savonarola

Natürlich ist es wichtig auch auf Savonarola einzugehen, wenn es um Lorenzo de Medici und dessen Kulturpolitik geht. Hierfür muss man zunächst ein großes Missverständnis aufklären. Savonarola wird seit dem 19 Jahrhundert als der größte Gegner Lorenzos bezeichnet und wird „immer wieder als religiöser Fanatiker und Kunstverächter [aufgezeigt][36][...]" Er wird fälschlicherweise auch als Kulturbarbar und Todfeind des Lorenzo de Medici dargestellt. Woher kommen diese Vorwürfe?

Lorenzo de Medici folgt dem Rat Pico della Mirandola und frägt nach dem Kommen Savonarolas am 29.4.1489, nach der Vertreibung der Franziskaner. Dieser folgt dem Ruf und kommt im kommenden Frühling, 1490 in Florenz an. Dort lehrt er zunächst im Konvent von San Marco seine Mitbrüder. Es ist eine gut überlieferte Tatsache, dass sich Savonarola „[…] im Konvent von San Marco in Florenz die Künste ausdrücklich gefördert und die Aufnahme von Künstlern in diesen Konvent besonders begünstigt hat […]"[37] Demzufolge kann er also kein Kunsthasser gewesen sein. Im Folgenden soll nun genauer auf das Verhältnis Savonarolas zu den de Medicis eingegangen werden.[38]

3.1. Das Verhältnis zwischen Lorenzo und Savonarola

Tatsache ist, dass sich Savonarolas kunstkritische Äußerungen durch seine Predigten und Werke zogen. Seine feindlichen Intentionen betrafen aber nicht die Ästhetik oder

---

[36] (Nolte, 1995, S. 169)
[37] (Nolte, 1995, S. 170)
[38] (Martelli, 1980)

die Kunsthaftigkeit der Gemälde. Man geht davon aus, dass Savonarola, der ein großes Interesse an Kunst besaß, eher nicht mit den Veränderungen und Erneuerungen einverstanden war. Und diese traten gerade in seiner Zeit vermehrt auf.

Auch im Leben Savonarolas kommt es zu Veränderungen. Er wird allmählich vom Lehrer zum Prediger. Am 1.9.1490 fängt er an, in San Marco zu predigen, am 16.2.1491 predigt er das erste Mal in der Kirche Santa Maria del Fiore. Sein Hauptthema ist zunächst die Apokalypse. Gerade zu dieser Zeit war die Apokalypse eines der Hauptängste der Menschen.[39] Am 6.4.1991 laden ihn die Medicis dazu ein, mit ihnen Messe zu feiern und zu predigen, was ein weiteres Zeugnis dafür ist, dass Lorenzo de Medici und Savonarola sich nicht so feindlich gesinnt waren, wie man im 19 Jahrhundert annahm. Im Juli des Jahres 1491 wird Savonarola sogar Prior des Klosters von San Marco. Wenn Lorenzo de Medici und er sich auf den Tode gehasst hätten, hätte Lorenzo diesen niemals zum Prior erheben lassen.[40]

Langsam häufen sich die Buß- und Mahnpredigten Savonarolas[41]. Er insistiert auf eine christlich bestimmte Zeichensprache und Kunst „und schärft in diesem Zusammenhang besonders die Vorrangstellung des Christus Crucifixus ein."[42] Zudem verfolgte Savonarola einen traditionellen Glauben, der sich auf das Wesentliche beschränkt und von weltlichen Dingen, wie dem Reichtum, der Macht, dem Stolz, der Eitelkeit und vielem mehr, absagt. Da die Familie de Medici als Bankiersfamilie über viel Macht und Geld verfügte und sie nicht gerade ein bescheidenes Leben führten, griffen seine Worte natürlich deren Lebensstil

---

[39] (Walter, 2003)
[40] (Martelli, 1980)
[41] (Nolte, 1995)
[42] (Nolte, 1995, S. 171)

an. Dies belegt seine Schrift *Über die Demut* von 1492, denn in dieser zeigt er das Grundübel der Eitelkeit auf, die mit Schönheit, Reichtum und anderen weltlichen Artigkeiten einherginge. Im Jahre 1497 und 1498 verbrannte man diese Eitelkeiten in Form von Kunstwerken, doch nicht aus Kunsthass. Man muss besonders hervorheben, dass man mit der Verbrennung von Eitelkeiten, den sogenannten *bruciamenti,* [43] traditionell die Karnevalsfestivitäten abschloss, denn es diente als Opfer Gottes. Hier wird klar, dass sich die anschließenden Fastenreden zwangsläufig nach dieser volkstümlichen Tradition richteten. [44] Hinzu kommt, dass Savonarola nicht nur gegen die Eitelkeiten des normalen Volkes schimpfte. Er klagte auch seine Mitbrüder und Schwestern der Verschwendung an und ermahnt sie zur Einfachheit. Ein christliches Leben soll sich allem Überfluss reinigen, in geistiger, willentlicher, gefühlsmäßiger und körperlicher Weise, damit der Mensch Gott näher komme, schreibt er in der *Conclusio* des *liber secundus*, das auf sein Werk *De simplicitate christianae vitae*[45] aufbaut. Im dritten Buch seiner Kulturreformschrift und Morallehre beschreibt er was Einfachheit für ihn ist und erklärt auch den Unterschied zwischen Natur, welche die Grundlage und Begründung alles Einfachem ist und zwischen der Kunst, welche die Natur als Kriterium haben sollte, diese jedoch nur nachahmt. [46] Seiner Meinung nach sind es die falschen Künste, die den Menschen zum Luxus drängen und dadurch die Armut verursachen. Nur die einfachen Werke sind als Werke Gottes anzuerkennen.

3.2. Lorenzos Maßnahmen in Bezug auf Savonarola

Lorenzo war natürlich nicht gewillt, Savonarola wegzuschicken, da er auch inzwischen beim Volk recht

---

[43] (Nolte, 1995, S. 172) bruciamenti= Ritualverbrennungen
[44] (Nolte, 1995, S. 171)
[45] In diesem Werk von 1496 kommt sein sozialer und politischer Vorbehalt gegen die luxurierende Renaissance-Kultur des Florenz der de Medici zum Ausdruck vgl. Nolte, 1995
[46] (Nolte, 1995, S. 173)

beliebt war. Also versuchte er die allgemeine Stimmung
wieder zu heben. Er dichtete geistliche Lieder, wie auch
Poliziano. Er dichtete für die Karnevalsfestivitäten im Jahre
1491 ein Mysterienspiel über die Legende der Heiligen
Johannes und Paulus.[47]

> „Dafür hatte er freilich einen persönlichen Grund. Sein
> jüngster Sohn Giuliano war zum Messere der Compagnia di
> San Giovanni Evangelista, zum Haupt einer Bruderschaft
> von Kindern gewählt geworden, und solche Vereinigungen,
> in der sich Kinder aus allen Schichten zusammenfanden,
> pflegten, wie andere Bruderschaften auch, in der
> Karnevalszeit Lustbarkeiten zu veranstalten."[48]

Lorenzo ging hier sehr geschickt vor, er sorgte für ein
Theaterstück, dass dem Volk Spaß machen würde und
zugleich aber auch kein Hindernis für die Kirche darstellen
würde, denn es ging ja schließlich um die Geschichte der
Heiligen.[49] Er bildete somit Bruderschaften für Jugendliche
mit religiösem Charakter, welche für jedes Alter und jede
Schicht offen standen.[50] Für Giulianos Aufführung ließ er
eine große, prächtige Bühne aufbauen. Im Anschluss gab es
Speis und Trank für die Kinder und deren Angehörigen. Dies
beweisen die drei Predigten Polizianos, die für Lorenzos
Sohn Giuliano geschrieben wurde, denn darin wurde die
Gruppe der „compagnia di dottrina" erwähnt.[51]

3.3. Apologeticus und dessen Nutzen

Im Frühling des Jahres 1491 sendet Ugolino Verino
auf Wunsch von Lorenzo Savonarola eines seiner in Latein
gehaltenen Gedichte *Il Christianae religionis et vitae
monasticae felicitate* zur Kontrolle. Verinos Thema ist, dass
Poesie nur dann rühmlich ist, wenn sie dazu dient, die wahre
Religion und deren Reinheit in Sitten und Gebräuchen zu
verherrlichen. Er widmet dieses Werk Lorenzo de Medici und

---

[47] (Walter, 2003)
[48] (Walter, 2003, S. 284)
[49] (Walter, 2003)
[50] (Martelli, 1980)
[51] (Martelli, 1980); (Luti, 2008)

Pico della Mirandola. Es ist natürlich taktisch sehr klug, Savonarolas Rat zu suchen.[52]

Savonarola geht der Bitte nach. Im Herbst 1491 wurde *l'Apologeticus sen de ratione poeticae artis* gedruckt. Es hatte ebenso einen Vorteil für Savonarola. Er konnte beweisen, kein Feind der Künste zu sein, kein Gegner der Literatur und Poesie. Savonarola gerät jedoch unter Druck, die Kurie möchte, dass Lorenzo Schwierigkeiten bekommt. Lorenzo wurde nachgesagt, einer gottlosen Philosophie und Poesie nachzugehen. Mit diesem Werk konnte er beweisen, dass er die Philosophie und Poesie so, wie Gott es befahl. Durch dieses Werk konnte er sich bestätigen.[53]

Apologeticus ist somit ein zentrales Werk für Lorenzos Kulturpolitik. Er versucht durch Versino Philosophie und Poesie mit der Religion zu versöhnen. In dieser werden die Themen Ficinos aus *de christiana religione*, welche 1474 von Ficino geschrieben wurde, behandelt. In diesem versuchte Ficino den Platonismus und das Christentum zu versöhnen[54]. Savonarola und Lorenzo de Medici brauchen sich nun gegenseitig, damit jeder seine Ziele verfolgen kann. Leider geht es Lorenzo nun immer schlechter. Er lässt seine Freunde rufen, um sich bei diesen zu verabschieden. Auch Savonarola lässt Lorenzo zu sich rufen. Dies dürfte nun der letzte Beweis dafür sein, dass sie sich nicht auf den Tod hassten, wie oft behauptet wurde. Lorenzo ließ sich von Savonarola die Absolution erteilen. Dieser gewährte ihm die letzte Ölung und den letzten Segen. Am 8.4.1492 stirbt Lorenzo de Medici im Alter von 43 Jahren.

---

[52] (Martelli, 1980)
[53] (Martelli, 1980)
[54] Auffällig ist, dass Savonarola und Ficino beide vom Missbrauch der Philosophie sprechen, nur dass Ficino dies Missbrauch der Musen nennt. Savonarola schimpft gegen Liebesgedichte und diese, die denken, dass Literatur nur zu Zwecken der Politik dienen würde und gegen all diejenigen, die meinen, die Grammatik in der Bibel verbessern zu müssen. Ebenso ist Savonarola gegen die Nutzung von Mythologie. Ficino hingegen mischt die Philosophie mit christlichen Motiven und untermalt diese mit Mythologien. (Martelli, 1980)

4. Fazit

Lorenzo de Medici war, wie man deutlich erkennen kann, ein vielseitiger Mann, der zum Wunsch hatte, seine Heimatstadt über alle anderen zu stellen, was Schönheit und Kunsthaftigkeit betrifft. Seine Stadt glänzte und bis heute ist der Name Lorenzos niemandem unbekannt. Durch ihn wurden die besten Künstler, Musiker und Philosophen gefordert. Durch ihn blühte Florenz mehr auf, als die anderen Städte Italiens. Doch durch das Streben nach Ruhm und Anerkennung hat er sich mit der Kirche einen Feind gemacht, der nur schwer zu besiegen ist. Durch das Schaffen religiöser Bruderschaften, seiner eigenen religiösen Dichtung und die seiner Freunde, erreicht er ein hohes Maß an Popularität. Religion ist also ebenfalls ein Mittel, seine Kulturpolitik zu stärken. Lorenzo de Medici trug erheblich viel zur Geschichte bei, auch aus religiöser Sicht. Nicht nur die Verschönerung der Bauten, der Empfehlung der Maler für die Sixtinische Kapelle in Rom. Fünfundzwanzig Jahre später wird Giovanni de Medici, der zu dem Punkt Papst ist, von Martin Luthers Aufbegehren gestört werden, der Anfang der Reformation. [55]

---

[55] (Parks, 2007)

5. Literaturverzeichnis

Luti, F. (2008). *Treccani.it*. Abgerufen am 02. 09 2014 von http://www.treccani.it/enciclopedia/bartolomeo-masi_%28Dizionario_Biografico%29/

Martelli, M. (1980). La politica culturale dell'ultimo Lorenzo. In *Il Ponte* (S. 923-950).

Nolte, J. (1995). Reduktion und Konzentration. Einige Feststellungen zur Ästhetik Savonarolas vor allem im Horizont seines christlich bestimmten Humanismus und seiner antimediceischen Reformpolitik. In H. Heintze, G. Staccioli, & B. Hesse (Hrsg.), *Lorenzo der Prächtige und die Kultur im Florenz des 15. Jahrhunderts* (Bd. 54, S. 169-184). Berlin: Duncker und Humblot.

Parks, T. (2007). *Das Geld der Medici*. München: Antje Kunstmann Verlag.

Walter, I. (2003). *Der Prächtige. Lorenzo de' Medici und seine Zeit*. München: Ch. Beck.